DOCUMENTS HISTORIQUES

RELATIFS

AU RÉTABLISSEMENT

DE L'EMPIRE.

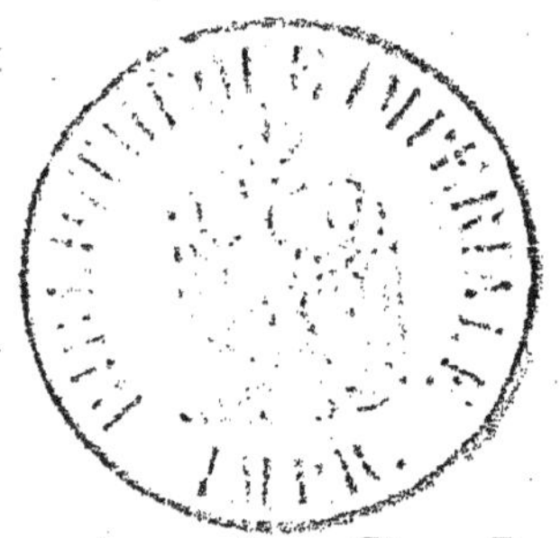

DISCOURS PRINCIPAUX

de S. A. I. le Prince Président;

RAPPORT DE M. TROPLONG, Etc.

1852

Nous croyons faire une œuvre utile au pays en
réunissant dans cette brochure quelques documents
qui ne sauraient être trop souvent consultés. —
Ces documents sont les pages les plus intéressantes
et les plus vraies de l'histoire de notre temps. —
Ils caractérisent les grands événements qui s'ac-
complissent aujourd'hui sous la main de Dieu
et par la volonté de la France. — Ils montrent,
dans l'éclat de sa sagesse et de son génie, l'homme
providentiel qui a sauvé la société. — Ils sont une
garantie pour tous les intérêts légitimes, une
espérance pour toutes les idées généreuses. —
Aider à les répandre, c'est propager la confiance
qui a répondu à l'expression si noble et si éle-
vée de la pensée du Prince qui nous gouverne,

toutes les fois qu'il a pris la parole. — Il suffit, en effet, de se souvenir de ces déclarations pour croire à l'avenir et à la grandeur du nouvel Empire, dont elles ont été le programme.

DOCUMENTS HISTORIQUES

RELATIFS

AU RÉTABLISSEMENT

DE L'EMPIRE.

DISCOURS PRONONCÉ A LYON

par S. A. I.

LORS DE L'INAUGURATION DE LA STATUE ÉQUESTRE DE L'EMPEREUR.

LYONNAIS,

Votre ville s'est toujours associée, par des incidents remarquables, aux phases différentes de la vie de l'Empereur. Vous l'avez salué consul, lorsqu'il allait par delà les monts cueillir de nouveaux lauriers; vous l'avez salué empereur tout puissant; et, lorsque l'Europe l'avait relégué dans une île, vous l'avez encore, des premiers, en 1815, salué empereur.

De même aujourd'hui votre ville est la première qui lui élève une statue. Ce fait a une signification. On n'élève des statues équestres qu'aux souverains qui ont régné; aussi les gouvernements qui m'ont précédé ont-ils toujours refusé cet hommage à un pouvoir dont ils ne voulaient pas admettre la légitimité.

Et cependant, qui fut plus légitime que l'Empereur, élu trois fois par le peuple, sacré par le chef de la religion, reconnu par toutes les puissances continentales de l'Europe, qui s'unirent à lui et par les liens de la politique et par les liens du sang?

L'Empereur fut le médiateur entre deux siècles ennemis : il tua l'ancien régime en rétablissant tout ce que ce régime avait de bon; il tua l'esprit révolutionnaire en faisant triompher partout les bienfaits de la révolution : voilà pourquoi ceux qui l'ont renversé eurent bientôt à déplorer leur triomphe. Quant à ceux qui l'ont défendu, ai-je besoin de rappeler combien ils ont pleuré sa chute?

Aussi, dès que le peuple s'est vu libre de son choix, il a jeté les yeux sur l'héritier de Napoléon, et, par la même raison, depuis Paris jusqu'à Lyon, sur tous les points de mon passage, s'est élevé le cri unanime de *Vive l'Empereur!* Mais ce cri est bien plus à mes yeux un souvenir qui touche mon cœur qu'un espoir qui touche mon orgueil.

Fidèle serviteur du pays, je n'aurai jamais qu'un but, c'est de reconstituer dans ce grand pays, si bouleversé par tant de commotions et par tant d'utopies, une paix basée sur la conciliation pour les hommes, sur l'inflexibilité des principes d'autorité, de morale, d'amour pour les classes laborieuses et souffrantes, de dignité nationale.

Nous sortons à peine de ces moments de crise où les notions du bien et du mal étant confondues, les meilleurs esprits se sont pervertis. La prudence et le patriotisme exigent que, dans de semblables moments, la nation se recueille avant de fixer ses destinées; et il est encore pour moi difficile de savoir sous quel nom je puis rendre les plus grands services.

Si le titre modeste de président pouvait faciliter la mission qui m'était confiée, et devant laquelle je n'ai pas reculé, ce n'est pas moi qui, par intérêt personnel, désirerais changer ce titre contre celui d'empereur.

Déposons donc sur cette pierre notre hommage à un grand homme; c'est honorer à la fois la gloire de la France et la généreuse reconnaissance du peuple; c'est constater aussi la fidélité des Lyonnais à d'immortels souvenirs.

Ce discours a été accueilli par les applaudissements les plus enthousiastes et aux cris mille fois répétés de *Vive l'Empereur!*

DISCOURS PRONONCÉ A MARSEILLE

par S. A. I.,

EN RÉPONSE A MONSEIGNEUR L'ÉVÊQUE,

ET A L'OCCASION DE LA POSE DE LA PREMIÈRE PIERRE

DE LA NOUVELLE CATHÉDRALE.

MESSIEURS,

Je suis heureux que cette occasion particulière me permette de laisser dans cette grande ville une trace de mon passage, et que la pose de la première pierre de la cathédrale soit l'un des souvenirs qui se rattache à ma présence parmi vous. Partout en effet où je le puis, je m'efforce de soutenir et de propager les idées religieuses, les plus sublimes de toutes, puisqu'elles guident dans la fortune et consolent dans l'adversité. Mon Gouvernement, je le dis avec orgueil, est un des seuls qui ait soutenu la religion pour elle-même; il la soutient non comme instrument politique, non pour plaire à un parti, mais uniquement par conviction, et par amour du bien qu'elle inspire comme des vérités qu'elle enseigne.

Lorsque vous irez dans ce temple appeler la protection du ciel sur les têtes qui vous sont chères, sur les entreprises que vous avez commencées, rappelez-vous celui qui a posé la première pierre de cet édifice et croyez que, s'identifiant à l'avenir de cette grande cité, il entre par la pensée dans vos prières et dans vos espérances.

DISCOURS PRONONCÉ A BORDEAUX

par S. A. I.

AU BANQUET QUI LUI A ÉTÉ OFFERT PAR LA CHAMBRE DE COMMERCE.

MESSIEURS,

L'invitation de la chambre et du commerce de Bordeaux, que j'ai acceptée avec empressement, me fournit l'occasion de remercier votre grande cité de son accueil si cordial, de son hospitalité si pleine de magnificence ; et je suis bien aise aussi, vers la fin de mon voyage, de vous faire part des impressions qu'il m'a laissées.

Le but de mon voyage, vous le savez, était de connaître par moi-même nos belles provinces, d'approfondir leurs besoins. Il a toutefois donné lieu à un résultat beaucoup plus important.

En effet, je le dis avec une franchise aussi éloignée de l'orgueil que d'une fausse modestie, jamais peuple n'a témoigné d'une manière plus directe, plus spontanée, plus unanime, la volonté de s'affranchir des préoccupations de l'avenir, en consolidant dans la même main le pouvoir qui lui est sympathique. C'est qu'il connait, à cette heure, et les trompeuses espérances dont on le berçait, et les dangers dont il était menacé.

Il sait qu'en 1852 la société courait à sa perte, parce que chaque parti se consolait d'avance du naufrage général par l'espoir de planter son drapeau sur les débris qui pourraient surnager. Il me sait gré d'avoir sauvé le vaisseau en arborant seulement le drapeau de la France.

Désabusé des absurdes théories, le peuple a acquis la conviction que ces réformateurs prétendus n'étaient que des rêveurs, car il y avait toujours disproportion, inconséquence, entre leurs moyens et les résultats promis.

Aujourd'hui la nation m'entoure de ses sympathies, parce que je ne suis pas de la famille des idéologues. Pour faire le bien du pays, il n'est pas besoin d'appliquer de nouveaux systèmes, mais de donner, avant tout, confiance dans le présent, sécurité dans l'avenir.

Voilà pourquoi la France semble revenir à l'Empire.

Il est néanmoins une crainte à laquelle je dois répondre. Par esprit de défiance, certaines personnes se disent : l'empire, c'est la guerre. Moi je dis : l'empire, c'est la paix ! C'est la paix, car la France la désire ; et lorsque la France est satisfaite, le monde est tranquille.

La gloire se lègue bien à titre d'héritage, mais non la guerre. Est-ce que les princes qui s'honoraient justement d'être les petits-fils de Louis XIV ont recommencé ses luttes?

La guerre ne se fait pas par plaisir : elle se fait par nécessité. Et à ces époques de transition où partout, à côté de tant d'éléments de prospérité, germent tant de causes de mort, on peut dire avec vérité : Malheur à celui qui, le premier, donnerait en Europe ce signal d'une collision dont les conséquences seraient incalculables!

J'en conviens, et cependant j'ai, comme l'Empereur, bien des conquêtes à faire. Je veux, comme lui, conquérir la conciliation des partis dissidents et ramener dans le courant du grand fleuve populaire les dérivations hostiles qui vont se perdre sans profit pour personne.

Je veux conquérir à la religion, à la morale, à l'aisance, cette partie encore si nombreuse de la population, qui, au milieu d'un pays de foi et de croyance, connait à peine les préceptes du Christ; qui, au sein de la terre la plus fertile du monde, peut à peine jouir de ses produits de première nécessité.

Nous avons d'immenses territoires incultes à défricher, des routes à ouvrir, des ports à creuser, des rivières à rendre navigables, des canaux à terminer, notre réseau de chemins de fer à compléter; nous avons, en face de Marseille, un vaste royaume à assimiler à la France. Nous avons tous nos grands ports de l'Ouest à rapprocher du continent américain par la rapidité de ces communications qui nous manquent encore. Nous avons enfin partout des ruines à relever, de faux dieux à abattre, des vérités à faire triompher.

Voilà comment je comprendrais l'empire, si l'empire doit s'établir.

Telles sont les conquêtes que je médite, et vous tous qui m'entourez, qui voulez, comme moi, le bien de notre patrie vous êtes mes soldats. (Oui! oui! Longs applaudissements.)

MESSAGE DE S. A. I. AU SÉNAT.

MESSIEURS LES SÉNATEURS,

La nation vient de manifester hautement sa volonté de rétablir l'Empire. Confiant dans votre patriotisme et vos lumières, je vous ai convoqués pour délibérer légalement sur cette grave question et vous remettre le soin de régler le nouvel ordre de choses. Si vous l'adoptez, vous penserez sans doute, comme moi, que la Constitution de 1852 doit être maintenue, et alors les modifications reconnues indispensables ne toucheront en rien aux bases fondamentales.

Le changement qui se prépare portera principalement sur la forme, et cependant reprendre le symbole impérial est pour la France d'une immense signification. En effet, dans le rétablissement de l'Empire, le peuple trouve une garantie à ses intérêts et une satisfaction à son juste orgueil : ce rétablissement garantit ses intérêts en assurant l'avenir, en fermant l'ère des révolutions, en consacrant encore les conquêtes de 89. Il satisfait son juste orgueil, parce que, relevant avec liberté et avec réflexion ce qu'il y a trente-sept ans l'Europe entière avait renversé par la force des armes, au milieu des désastres de la patrie, le peuple venge noblement ses revers sans faire de victimes, sans menacer aucune indépendance, sans troubler la paix du monde.

Je ne me dissimule pas néanmoins tout ce qu'il y a de redoutable à accepter aujourd'hui et à mettre sur sa tête la couronne de Napoléon ; mais mes appréhensions diminuent par la pensée que, représentant à tant de titres la cause du peuple et la volonté nationale, ce sera la nation qui, en m'élevant au trône, se couronnera elle-même.

Fait au palais de Saint-Cloud, le 4 novembre 1852.

Ce message a été accueilli par les applaudissements unanimes du Sénat.

RAPPORT DE M. TROPLONG

SUR LE SÉNATUS-CONSULTE SOUMIS AUX DÉLIBÉRATIONS DU SÉNAT,
POUR DEMANDER LE RÉTABLISSEMENT DE L'EMPIRE.

———

MESSIEURS LES SÉNATEURS,

La France, attentive et émue, vous demande aujourd'hui un grand acte politique. Il s'agit de faire cesser ses anxiétés et d'assurer son avenir.

Mais cet acte, quelque grave qu'il soit, ne vous met aux prises avec aucune de ces difficultés capitales qui tiennent en suspens la sagesse des législateurs. Vous connaissez les vœux exprimés par les conseils généraux, les conseils d'arrondissement, et par les adresses des communes de France : vœux de stabilité dans le gouvernement de Louis-Napoléon et de retour à une forme politique qui a frappé le monde par la majesté de son pouvoir et la sagesse de ses lois. Vous avez entendu cette immense pétition de tout un peuple accouru sur les pas de son libérateur, et ces cris enthousiastes, que nous pourrions presque appeler un plébiscite anticipé, sortis du cœur de milliers d'agriculteurs et d'ouvriers, d'industriels et de commerçants. De telles manifesta-

3

tions simplifient la tâche des hommes d'État. Il y a des circonstances où des nécessités fatales empêchent le législateur le plus ferme de se mettre d'accord avec l'opinion publique et sa propre raison; il en est d'autres où il a besoin d'un long recueillement pour résoudre des questions que le pays n'a pas encore suffisamment décidées. Vous n'êtes exposés, Messieurs, ni à cette contrainte, ni à cet embarras. La pensée nationale vous presse et vous supplie, et votre haute expérience vous dit qu'en cédant à ses instances, vous contribuerez à replacer la France dans les voies qui conviennent à ses intérêts, à sa grandeur, aux impérieuses nécessités de sa situation.

Tout s'explique, en effet, dans les événements qui se déroulent devant nous.

Après les grands ébranlements politiques, il arrive toujours que les peuples se jettent avec joie dans les bras de l'homme fort que leur envoie la Providence. C'est la fatigue des guerres civiles qui fit la monarchie du vainqueur d'Actium; c'est l'horreur des excès révolutionnaires, autant que la gloire de Marengo, qui éleva le trône impérial. Au milieu des récents dangers de la patrie, cet homme fort s'est montré au 10 décembre 1848 et au 2 décembre 1851, et la France lui a confié son drapeau près de périr. Si elle a déclaré vouloir le lui confier pour toujours dans ce voyage mémorable qui n'a été qu'une suite de triomphes, c'est que, par son courage et sa prudence, l'homme s'est montré à la hauteur

du mandat; c'est que, lorsqu'une nation se sent tourmen-
tée par les agitations d'un gouvernement orageux, une réac-
tion nécessaire la conduit vers celui qui lui assure le mieux
l'ordre, la stabilité, le repos.

Or, Louis-Napoléon est dans cette situation merveilleuse,
que, seul, il tient dans ses mains ces biens inestimables. Il a,
aux yeux de la France, ses services immenses, la magie de
sa popularité, les souvenirs de sa race, souvenirs impéris-
sables d'ordre, d'organisation et d'héroïsme, qui font battre
le cœur des Français. Il rajeunit, aux yeux de l'Europe, le
plus grand nom des temps modernes, non plus pour des
triomphes militaires dont son histoire est assez riche, mais
pour enchaîner les tempêtes politiques et sociales, pour
doter la France des conquêtes de la paix, pour raffermir et
féconder les bons rapports des Etats. Au dedans et au
dehors, c'est à lui que se rattache un vaste avenir de travail et de civilisation pacifique. Cet avenir ne doit pas être
livré aux hasards des événements et aux surprises des fac-
tions.

C'est pourquoi la France demande la monarchie de l'Empereur, c'est-à-dire l'ordre dans la révolution et la règle
dans la démocratie. Elle la voulait le 10 décembre, alors
que les artifices d'une constitution ennemie empêchaient
le peuple de dire son dernier mot; elle la voulait encore le
20 décembre, alors que la modération d'un noble caractère
empêchait de le lui demander. Mais aujourd'hui, le senti-

ment public déborde comme un torrent : il y a des moments où l'enthousiasme a aussi le droit de résoudre les questions. Depuis assez longtemps, des signes visibles annonçaient quelle devait être la mission de Louis-Napoléon, et la raison prévoyante des hommes d'Etat s'accordait avec l'instinct populaire pour en fixer le caractère. Après l'amer sarcasme qui avait mis l'héritier d'une couronne à la tête de la République, il était évident que la France, toujours démocratique par ses mœurs, ne cessait pas d'être monarchique par ses habitudes et ses instincts, et qu'elle voulait le rétablissement de la monarchie dans la personne du Prince qui se révélait à elle comme le conciliateur de deux siècles et de deux esprits; le trait d'union du pouvoir et du peuple, le symbole monarchique de la démocratie organisée.

A la fin du dernier siècle, la prépondérance de l'élément démocratique avait fait croire à des esprits spéculatifs ou ardents que la France devait marquer l'ère nouvelle dans laquelle elle entrait par un divorce entre son gouvernement et la forme monarchique. On emprunta la République aux souvenirs de l'antiquité. Mais en France les imitations politiques ont rarement réussi. Notre pays, quoique taxé de légèreté, est invinciblement attaché à certaines idées nationales, à certaines habitudes traditionnelles par lesquelles il conserve l'originalité dont il est fier. La République ne put s'acclimater sur le sol français. Elle périt par ses propres excès, et elle ne se livra à ces excès que parce qu'elle n'élait pas dans les instincts de la nation. Elle ne fut qu'un intervalle, brillant au dehors, terrible au dedans, entre deux monarchies.

A cette époque, la gloire avait élevé au pouvoir un de ces hommes qui fondent les dynasties et qui traversent les siècles. C'est sur cette tige nouvelle que la France vit fleurir une monarchie appropriée aux temps modernes, et qui ne le céda à aucune autre par sa grandeur et sa puissance. N'est-ce pas un grand enseignement que de voir une fortune semblable, réservée cinquante ans plus tard à un second essai de la forme républicaine? N'est-ce pas un frappant exemple de la persévérance de l'esprit français dans les choses qui sont comme la substance de sa vie politique? L'épreuve n'est-elle pas complète et décisive?

Elle le sera d'autant plus que la monarchie impériale a tous les avantages de la République, sans en avoir les dangers. Les autres régimes monarchiques (dont nous ne voulons cependant pas affaiblir les services illustres) ont été accusés d'avoir placé le trône trop loin du peuple, et la République, vantant son origine populaire, s'est habilement retranchée, contre eux, dans les masses, qui se croyaient oubliées et méconnues. Mais l'Empire, plus fort que la République sur le terrain démocratique, lui enlève cette objection. Il a été le gouvernement le plus énergiquement soutenu et le plus vivement regretté par le peuple. C'est le peuple surtout qui l'a retrouvé dans sa mémoire, pour l'op-

poser aux rêves des idéologues et aux expériences des per-
turbateurs. D'une part, il est le seul qui puisse se glorifier
du droit reconnu par l'ancienne monarchie, « que c'est à la
nation française qu'il appartient de se choisir un roi ; » de
l'autre, il est le seul qui n'ait pas eu de querelles à vider
avec le peuple ! Lorsqu'il disparut en 1814, ce ne fut pas
par un choc de la nation contre son gouvernement. Les
hasards d'une guerre extérieure inégale opérèrent ce divorce
violent. Mais le peuple n'a pas cessé de voir dans l'Empire
son émanation et son œuvre; et il le place dans ses affec-
tions bien au-dessus de la République, gouvernement ano-
nyme et tumultueux, dont il se souvient bien plus par les
violences de ses proconsuls que par des victoires qui furent
le prix de la valeur française.

Voilà pourquoi la monarchie napoléonienne a absorbé une
première fois et doit absorber une seconde fois la République. La République est virtuellement dans l'Empire, à
cause du caractère contractuel de l'institution, et de la com-
munication et de la délégation expresse du pouvoir par le
peuple. Mais l'Empire l'emporte sur la République, parce
qu'il est aussi la monarchie, c'est-à dire le gouvernement
de tous confié à l'action modératrice d'un seul, avec l'hérédité pour condition et la stabilité pour conséquence. La monarchie a cela d'excellent, qu'elle se plie admirablement à
tous les progrès de la civilisation : tour à tour féodale, absolue et mixte, toujours ancienne et toujours moderne, il

ne lui reste plus qu'à rouvrir l'ère de sa transformation démocratique inaugurée par l'Empereur. C'est ce que veut aujourd'hui la France, c'est ce que vous demande un pays fatigué d'utopies, incrédule aux abstractions politiques, et dont le génie, mélange de bon sens et de poésie, est ainsi fait, qu'il ne croit au pouvoir que sous la figure d'un héros ou d'un prince.

Quand bien même cet amour des Français pour la monarchie ne serait qu'un préjugé, il faudrait le respecter : on ne gouverne un peuple qu'en se mettant en rapport avec ses idées. Mais il faut le respecter surtout, parce qu'il est inspiré par les besoins les plus essentiels du pays et par ses intérêts les plus légitimes.

La France est un grand État qui veut conserver au dedans et au dehors la force que lui donnent un vaste territoire et trente-cinq millions d'habitants. Elle est à la fois agricole et commerçante. Malgré la richesse de son sol, elle serait pauvre, si l'industrie n'ajoutait d'immenses valeurs mobilières au capital immobilier, et si le goût des jouissances polies et d'un luxe modéré ne donnait au travail un aliment toujours nouveau. Mais le travail, pour arriver au dénoûment de ses entreprises, doit être secondé par tant d'avances de fonds et une continuité d'efforts si persévérante, que tout succès lui échapperait s'il était interrompu ou troublé par les orages d'une politique inquiète et subversive. Il demande donc aux institutions la stabilité, source de la confiance et mère du crédit.

Toutes ces conditions d'une vie régulière et prospère, la monarchie les procure à la France ; toute autre forme ne peut que les compromettre.

La monarchie est le gouvernement des grands États auxquels conviennent à merveille les institutions faites pour la durée, comme il faut à un vaste édifice les plus solides fondements. La République, au contraire, n'est que le gouvernement des petits États. Si l'on met à part les États-Unis d'Amérique, qui, par leur position géographique, font exception à toutes les règles, et qui, d'ailleurs, ne sont qu'une fédération, la République n'a jamais pu s'implanter que chez les petits peuples, où les embarras de ce gouvernement, difficile et compliqué, ont été corrigés par le peu d'étendue du territoire et de la population.

Rome ancienne, au lieu de contredire cette règle, la confirme pleinement. La République n'était que dans la ville et pour la ville. Au dehors, il n'y avait que des maîtres avides et des sujets opprimés. Si jamais la France a pu avoir une sorte de voisinage avec la République, c'est au moyen âge, alors que l'esprit républicain, éteint depuis les Césars, s'était réveillé dans une partie de l'Europe ; alors que la France n'était qu'un échiquier de provinces presque indépendantes, et que les principautés féodales étaient de toutes parts menacées par le mouvement communal. Mais, depuis ce moment, tout le travail intérieur de la France l'a éloignée de la forme républicaine. Elle s'en est séparée surtout quand elle s'est donné un territoire homogène, et 35 millions d'habitants vivant sous les mêmes lois, dans une même patrie, et unis par une chaine infinie d'intérêts solidaires, qu'un même mouvement de circulation fait aboutir à un centre unique. On n'ébranle pas un tel peuple comme les citoyens d'une seule ville, s'appelât-elle Athènes ou Rome. On n'alimente pas avec les discours du *forum*, avec les agitations permanentes des comices, avec les préoccupations d'une politique toujours en ébullition, un pays qui vit de son travail et non du travail de ses esclaves et des gratifications de l'Etat. Cette fièvre, à laquelle les Républiques démocratiques donnent le nom de vie politique, on ne la communique pas impunément à une nation dont la splendeur consiste particulièrement dans le développement pacifique de sa richesse et dans l'activité régulière et intelligente de ses intérêts privés.

Nos pères avaient appris ces vérités à la rude école des malheurs publics et privés. Elles remplissent toute la politique intérieure du commencement de ce siècle. Pourquoi faut-il que d'incorrigibles novateurs nous en aient infligé dans ces derniers temps la trop palpable démonstration ? Nous avons vu, en effet, des autels élevés à l'instabilité et aux ébranlements périodiques, ces fléaux du corps social ; nous avons vu des lois faites pour réduire en préceptes solennels les crises fébriles et terribles qui peuvent emporter un peuple ; nous avons vu le vaisseau de l'Etat

lancé sur une mer inconnue, sans un point fixe pour s'orien-
ter, sans une ancre pour toucher à un rivage ; et l'on ne sait
ce qui serait arrivé de la fortune de la France, si la Providence, veillant sur elle, n'eût suscité le cœur intrépide de
celui qui lui a tendu la main.

La France, instruite et résolue, entend donc rentrer dans
son état naturel ; il lui tarde de retrouver son assiette et
de reprendre son équilibre. Le peuple français, dans son
bon sens exquis, n'est pas tellement infatué de ses qua-
lités supérieures, qu'il n'ait aussi conscience de ses côtés
faibles. Il se sent variable dans ses impressions, prompt à
s'émouvoir, facile à entraîner. Et, parce qu'il se défie de la
rapidité d'un premier mouvement, il recherche un point
fixe dans ses institutions, et veut être retenu sur une base
stable et solide. On a quelquefois comparé la démocratie
française à la démocratie athénienne. Nous le voulons bien
sous le rapport de la politesse, de l'élégance et de l'esprit.
Nous repoussons, à tous autres égards, la comparaison.
Les démocraties grecques ne furent qu'un flux et reflux per-
pétuel : jamais elles n'acceptèrent de correctif à leur légèreté. Elles furent, de plus, oisives et faméliques, vivant des
oboles civiques et des distributions. Au contraire, la démocratie française, plus mâle et plus fière, ne se repose pas sur
l'État du soin de son bien-être ; elle le demande à ses propres efforts, et elle court avec joie au-devant de l'éternelle
loi de Dieu, le travail. Ses spéculations embrassent le monde.

Elle cultive la terre de ses mains libres ; elle sillonne les mers, elle multiplie les créations industrielles, enfante les capitaux, et rend l'avenir tributaire de ses habiles et vastes combinaisons. Quand une nation fonde ainsi ses entreprises sur le crédit et la durée, quand il lui faut quelquefois un demi-siècle pour réaliser ses opérations, ce ne sont pas des institutions d'un jour qui peuvent lui donner l'espoir de leur prospérité. Elle serait insensée, si elle ne faisait tourner autour de l'axe immobile d'une monarchie la sphère mobile de ses intérêts.

Il est vrai qu'en France on est idolâtre de l'égalité, et une monarchie a pour première condition l'existence privilégiée de ces grandes et rares individualités que Dieu élève au-dessus des autres pour former les dynasties et qui sont moins des hommes que la personnification d'un peuple et le rayonnement d'une civilisation. Mais l'égalité, telle que nous la concevons en France, admet sans jalousie ces grandeurs providentielles, légitimées par la raison d'État, au-dessous desquelles elle retrouve son niveau. A Rome et à Athènes, l'égalité consistait à rendre chaque citoyen admissible à l'autorité suprême. C'est pourquoi l'on crut l'égalité perdue quand Auguste eut converti la République en monarchie. En France, nous l'avons crue sauvée et consacrée à jamais, sous le règne de l'Empereur. C'est que, dans ce pays d'égalité, il n'y a rien qu'on supporte moins que le gouvernement des égaux ; c'est que l'égalité y est pleinement satisfaite de tenir tout dans ses mains, emplois, crédit, richesses, renommée, et d'avoir une large et libre voie pour arriver à tout, si ce n'est à ce point extrême du pouvoir, à ce sommet inaccessible, que le soin du repos public a fait mettre au-dessus des compétitions privées. Par là, la démocratie se concilie à merveille avec la monarchie, et cette union est d'autant plus solide, que la raison se joint aux mœurs pour la cimenter.

Que si des esprits critiques, se croyant plus sages que le pays tout entier, opposaient à ses vœux d'Empire héréditaire les inconvénients que les minorités et les mauvais princes peuvent faire peser, à certains intervalles, sur les États monarchiques, nous répondrions que toutes les institutions humaines portent en elles des défectuosités et des faiblesses. La monarchie n'a pas le privilége de la perfection. Elle a seulement, pour la France, le mérite d'une incontestable supériorité par rapport au système perpétuellement électif, qui n'offre qu'une éternelle série de luttes et de hasards, et qui ne résout une difficulté que pour en tenir sur-le-champ une autre en suspens.

Quelques États anciens, croyant mieux faire que les monarchies, avaient mis dans des assemblées souveraines et inamovibles l'élément de stabilité que représentent les dynasties. Mais ces assemblées n'ont-elles pas eu aussi leur défaillance? Ne compte-t-on pas, dans leur histoire, de tristes jours de vénalité ou de tyrannie? Leur lâcheté ne leur a-t-elle pas donné des tuteurs insolents et séditieux? Au point de vue de la responsabilité morale, qui est un des grands freins de la conscience, il n'y a pas de comparaison à faire entre un homme et une assemblée. Dans les assemblées, la responsabilité du corps efface celle des individus; et, comme une responsabilité collective est à peu près illusoire, il arrive que cette irresponsabilité, qui fait quelquefois la force et l'indépendance des assemblées, est aussi la cause de leurs excès. Dans un prince, au contraire, la responsabilité est indivisible, inévitable, et elle pèse de tout son poids du côté du devoir. Enfin, quand le mal s'introduit dans un corps politique souverain, il y persévère comme un précédent; il y grandit comme une tradition, et l'on ne peut garder la chose qu'en gardant le mal. Au contraire, si le mal se glisse sur le trône, il ne se fait craindre que par des périls viagers, intermittents, et amoindris d'ailleurs par les institutions et par les modifications dont l'homme est plus facilement susceptible que les assemblées. Le faible Louis XIII a été suivi du grand Louis XIV. Et encore Louis XIII est-il couvert, aux yeux de la postérité, par son ministre Richelieu.

Ces considérations générales nous paraissent prouver suffisamment que le sentiment national qui s'adresse à vous, Messieurs, comme à de sages médiateurs entre le peuple et le prince, n'est pas un caprice frivole et un engouement passager. Derrière la fascination d'un grand nom, au delà de la reconnaissance pour les actes d'un noble et patriotique courage, il y a de grandes pensées, de puissants intérêts, une intuition admirable des besoins publics. La France, Messieurs, veut vivre de la vie d'une grande nation, et non de cette vie précaire et maladive qui exténue le corps social. Depuis quatre ans, soumise à des essais périlleux, elle a su corriger par son bon esprit les maux d'une situation déplorable. Mais il faut que cette situation finisse. Jusqu'à ce jour, elle n'avait pu trouver, au milieu des tempêtes, que des sauvetages passagers par lesquels on n'asseoit pas un avenir. Aujourd'hui, elle va rentrer dans le port pour y fonder, avec l'heureux pilote qu'elle salue, et sur le terrain solide de la monarchie, l'édifice de ses prospérités.

Occupons-nous maintenant des détails du projet de Sénatus-consulte.

Louis-Napoléon prendra le nom de Napoléon III. C'est le nom qui a retenti dans les acclamations populaires; c'est le nom qui a été inscrit sur les arcs de triomphe et les trophées. Nous ne le choisissons pas. Nous l'acceptons d'une élection toute naïve et spontanée. Il a d'ailleurs le sens profond qui se trouve toujours dans les merveilleux instincts du peuple. Il est un hommage pour Napoléon Ier, que le peuple n'oublie jamais; il est un pieux souvenir pour son jeune fils, qui fut constitutionnellement proclamé empereur des Français, et dont le règne, bien que si court, n'a pas été effacé par l'obscure existence de l'exilé. Il résout, pour l'avenir, la question d'hérédité, et signifie que l'Empire sera héréditaire après Louis-Napoléon, comme il l'a été pour lui. Enfin, il rattache la phase politique à laquelle nous devons notre salut, au nom glorieux qui fut aussi le salut du passé.

Et cependant, à côté de cet élément traditionnel, les événements contemporains conservent leur valeur propre et leur signification actuelle. Si Louis-Napoléon est appelé aujourd'hui à reprendre l'œuvre de son oncle, ce n'est pas seulement parce qu'il est l'héritier de l'Empereur, mais c'est encore parce qu'il a mérité de l'être ; c'est à cause de son dévouement à la France, de cette action toute personnelle, toute spontanée, qui a arraché le pays aux horreurs de l'anarchie. Il ne lui suffit pas d'être l'héritier de l'Empereur, il faut encore qu'il soit une troisième fois l'élu du peuple : l'hérédité et l'élection s'accorderont ainsi pour doubler sa force ; le fait nouveau rajeunira le fait ancien par la puissance d'un consentement réitéré et d'un second contrat.

Le projet de Sénatus-consulte investit ensuite Louis-Napoléon du droit d'adopter un héritier, à défaut de la ligne directe. L'adoption, qui est de droit commun dans les familles privées, ne saurait être qu'une exception dans les familles dynastiques : car, en dehors de l'hérédité naturelle, il est de principe, en droit public, que le choix du monarque appartient au peuple. Mais cette règle est celle des temps ordinaires. Elle ne saurait convenir d'une manière absolue à un ordre de choses qui reprend un cours nouveau après une longue interruption et au milieu des circonstances les plus extraordinaires.

Louis-Napoléon, dépositaire de la confiance du peuple, chargé par lui de faire une constitution, peut recevoir, à plus forte raison, le mandat de pourvoir à certaines éventualités et de prévenir certaines crises dans lesquelles cette constitution pourrait périr. Les coups de la nature ont été souvent terribles dans les familles régnantes ; ils ont souvent déversé les conseils de la sagesse. Le peuple français ne croira pas faire un sacrifice trop grand de ses droits, en s'abandonnant une fois de plus à la haute prudence du Prince qu'il a érigé en arbitre de ses destinées. Cette disposition est empruntée, du reste, aux constitutions impériales. L'Empire qui renaît ne doit pas être moins fort dans ses moyens que l'Empire à son début. Et, pour rester dans la lettre et dans l'esprit de ce précédent, le projet de Sénatus-consulte vous propose de n'admettre à l'adoption que les descendants mâles naturels et légitimes des frères de Napoléon Ier. Le droit d'adoption illimité serait en contradiction manifeste avec le vœu populaire du rétablissement de l'Empire qui plane sur nos résolutions. En effet, l'Empire est inséparable du nom de Bonaparte ; il ne saurait se concevoir sans un membre de cette famille avec laquelle a été stipulée, en France, la forme nouvelle de la monarchie. Tout doit rester analogique dans l'œuvre dont nous nous occupons.

Mais au-dessus de cette combinaison toute politique, la France place une espérance qui fait surtout sa foi dans l'avenir : c'est que, dans un temps non éloigné, une épouse viendra s'asseoir sur le trône qui va s'élever ; c'est qu'elle donnera à l'Empereur des rejetons dignes de son grand nom et de ce grand pays. Cette dette a été imposée au Prince le jour où les cris de *Vive l'Empire !* l'ont salué sur son passage ; il l'acceptera virtuellement, mais nécessairement, le jour où la couronne sera posée sur son front. Car, puisque l'Empire est fait en vue de l'avenir, il doit porter avec lui toutes les conséquences légitimes qui préservent cet avenir des incertitudes et des secousses.

A défaut de la ligne directe et de la ligne adoptive, il faut prévoir le cas de succession en ligne collatérale. Sur ce point, nous vous proposons une disposition par laquelle le peuple conférerait à Louis-Napoléon le droit de régler par un décret organique cet ordre de succession dans la famille Bonaparte. Par là, notre Sénatus-consulte restera plus parfaitement d'accord avec la pensée populaire qui, dans sa confiance sans limite, a remis à Louis-Napoléon les destinées du pays ; il sera aussi plus conforme aux errements politiques dans lesquels la France est entrée depuis le 2 décembre.

Le plus grand génie politique de l'Italie disait, au XVIe siècle, que, dans ces moments rares et solennels où il s'agit de fonder un État nouveau, l'ordonnance d'un seul est indispensable. C'est ce qu'après tant d'expériences diverses, la nation a compris si admirablement, lorsqu'elle s'en est remis à Louis-Napoléon du soin de formuler la Constitution qui nous régit. Aujourd'hui qu'un changement capital s'opère dans l'un des fondements de cette Constitution, il paraît naturel et logique de rendre à Louis-Napoléon, une partie du pouvoir constituant, afin que, sur le point spécial qui touche le plus intimement aux intérêts de la dynastie dont la nation le déclare le chef, il prenne les dispositions les mieux appropriées à l'intérêt public et à l'intérêt du monarque. Pour sa famille, comme pour le pays, Louis-Napoléon est l'homme d'une situation exceptionnelle : il ne faut pas craindre de le grandir, afin qu'avec l'assentiment de tous il la dénoue par l'autorité d'un seul.

Nous vous proposons donc, après une conférence avec les organes du Gouvernement qui a amené l'unanimité dans les opinions, un article ainsi conçu : « *Article 4. Louis-* « *Napoléon Bonaparte règle, par un décret organique* « *adressé au Sénat et déposé dans ses archives, l'ordre de* « *succession au trône dans la famille Bonaparte, pour le* « *cas où il ne laisserait aucun héritier direct, légitime ou* « *adoptif.* »

Nous n'avons pas besoin de vous dire que, dans ce système, la formule à soumettre au peuple français doit renfermer une mention expresse de cette délégation. Il faudra, d'après la Constitution, que le peuple soit appelé à déclarer s'il veut, oui ou non, investir Louis-Napoléon du pouvoir que nous pensons devoir lui être conféré.

Après s'être ainsi occupé de l'hérédité de la couronne impériale, le projet de Sénatus-consulte porte son attention sur la condition de la famille de l'Empereur. Il la divise en deux parties : 1° la famille impériale proprement dite, composée des personnes appelées éventuellement à l'hérédité, et de leurs descendants des deux sexes; 2° des autres membres de la famille Bonaparte.

La situation des princes et princesses de la famille impériale est réglée par des Sénatus-consultes; ils ne peuvent se marier sans le consentement de l'Empereur. L'article 6 prononce, pour l'infraction à cette règle d'intérêt public, la peine de la privation de tout droit héréditaire, sauf à le recouvrer en cas de dissolution du mariage par le prédécès de l'épouse sans enfants.

Quant aux autres membres de la famille Bonaparte qui composent la famille civile, c'est à l'Empereur, et non plus à des Sénatus-consultes, qu'il appartient de fixer, par des statuts, leurs titres et leur situation. Il est inutile d'insister sur cette distinction : elle s'explique par la différence même qui existe entre la famille civile et celle qui réunit le double caractère de famille civile et de famille politique.

Enfin, nous appelons votre attention spéciale sur le paragraphe final de l'article 6, qui confère à l'Empereur une autorité pleine et entière sur tous les membres de sa famille. Ces pouvoirs spéciaux prennent leur raison d'existence dans les plus graves considérations. Ils rentrent dans le droit généralement institué pour les familles régnantes. Les princes se trouvent placés si haut par le droit public et l'intérêt national, qu'ils sont, à beaucoup d'égards, en dehors du droit commun. Plus leurs priviléges sont grands, plus leurs devoirs sont immenses envers le pays. Montesquieu en a dit : « Ce n'est pas pour la famille régnante que l'ordre de succession est établi, mais parce qu'il est de l'intérêt de l'État qu'il y ait une famille régnante. » Ils appartiennent donc à l'État par des liens plus étroits que les autres citoyens, et, à cause de leur grandeur même, il faut qu'ils soient retenus dans une sorte de perpétuelle pupillarité, sous la tutelle de l'Empereur, gardien de leur dignité, appréciateur de leurs actions, et père de famille autant que tuteur, pour conserver à la nation ce patrimoine intact.

Si ces raisons ne s'appliquent pas, dans toute leur étendue, aux membres de la famille privée, il en est d'autres, non moins sérieuses, qui se tirent de la responsabilité et de la solidarité imposée par un nom qui est la propriété de la nation autant que des personnes qui ont l'honneur de le porter.

D'ailleurs, plusieurs de ces personnes ont le privilége d'être les seules dans l'État que l'Empereur puisse appeler, par l'adoption, au rang de successibles à la couronne : or, il n'y a pas de privilége public qui ne doive se compenser par des devoirs spécialement créés pour en justifier la nécessité, et pour concourir au but de son établissement.

Il est un autre point qu'il nous suffit de rappeler à vos pensées : c'est le maintien de la loi salique dans la dynastie impériale. En France, la loi salique est, pour ainsi dire, incorporée à la monarchie, et, bien que son berceau remonte aux origines les plus lointaines, elle a tellement pénétré dans nos mœurs, elle est si parfaitement d'accord avec les règles de la politique française, qu'elle est inséparable de toutes les transformations du principe monarchique.

Enfin, Messieurs, le Sénatus-consulte prévoit le cas où le trône serait vacant. « Si jamais la nation éprouvait ce « malheur (pour nous servir des termes du célèbre édit de « juillet 1717), ce serait à la nation même qu'il appartien- « drait de le réparer. » L'article 5 reconnaît formellement ce droit fondamental, essentiel, inaliénable. En même temps, il pourvoit aux moyens de préparer un choix digne du peuple français, par sa sagesse et sa maturité. En conséquence, un Sénatus-consulte organique, proposé au Sénat par les Ministres formés en conseil de gouvernement, avec l'adjonction du Président du Sénat, du Président du

Corps Législatif et du Président du Conseil d'État, sera soumis à la libre acceptation du peuple et donnera à la France un nouvel Empereur.

Telles sont, Messieurs, les dispositions capitales du Sénatus-consulte soumis à vos délibérations, et qui va préparer le contrat auguste de la nation avec son chef. Si vous l'adoptez, vous ordonnerez, par un article final, en vertu de la Constitution, que le peuple soit consulté sur le rétablissement de la dignité Impériale dans la personne de Louis-Napoléon, avec l'hérédité telle que nous venons de vous en exposer les combinaisons. Mais, Messieurs, nous pouvons le dire, en nous inclinant dès à présent devant une volonté publique qui ne demande qu'à éclater de nouveau, l'Empire est accompli. Et cet Empire, dont l'aurore a éclairé les pas de Louis-Napoléon dans nos départements méridionaux, se lève sur la France, entouré des plus heureux présages. Partout l'espérance renaît dans les cœurs, partout les capitaux, comprimés par l'incertitude de l'avenir, s'élancent avec ardeur dans la voie des affaires, partout la sève nationale s'échauffe et circule pour produire les fruits les plus abondants. Ce règne, Messieurs, ne sera pas né au milieu des armes et dans le camp de prétoriens mutinés. Il est l'œuvre de la pensée nationale la plus spontanée; il a été enfanté dans nos villes de commerce, dans nos ports, dans les foyers les plus paisibles de l'agriculture et de l'industrie, au milieu des joies de tout un peuple affectionné; il sera donc *l'Empire de la paix*, c'est-à-dire la révolution de 89 sans les idées révolutionnaires, la religion sans l'intolérance, l'égalité sans les folies égalitaires, l'amour du peuple sans le charlatanisme socialiste, l'honneur national sans les calamités de la guerre. Ah! si la grande ombre de l'Empereur jette un regard sur cette France qu'il aimait tant, elle tressaillera de joie en voyant s'évanouir les sombres et amères prédictions de Sainte-Hélène prêtes un moment à se réaliser. Non! l'Europe ne sera pas livrée au désordre et à l'anarchie! Non! la France ne perdra pas la grandeur de ses institutions; et ce sont les idées Napoléoniennes, tournées vers la paix par un Prince généreux, qui seront la sauvegarde de la civilisation.

SÉNATUS-CONSULTE

PORTANT MODIFICATION A LA CONSTITUTION.

Le Sénat a délibéré conformément aux art. 31 et 32 de la Constitution, et voté le Sénatus-consulte dont la teneur suit :

ART. 1er.

La dignité Impériale est rétablie.

Louis-Napoléon Bonaparte est Empereur des Français, sous le nom de Napoléon III.

Art. 2.

La dignité Impériale est héréditaire dans la descendance directe et légitime de Louis-Napoléon Bonaparte, de mâle en mâle, par ordre de primogéniture, et à l'exclusion perpétuelle des femmes et de leur descendance.

ART. 3.

Louis-Napoléon Bonaparte, s'il n'a pas d'enfant mâle, peut adopter les enfants et descendants légitimes, dans la ligne masculine, des frères de l'Empereur Napoléon Ier.

Les formes de l'adoption sont réglées par un Sénatus-consulte.

Si, postérieurement à l'adoption, il survient à Louis-Napoléon des enfants mâles, ses fils adoptifs ne pourront être appelés à lui succéder qu'après ses descendants légitimes.

L'adoption est interdite aux successeurs de Louis-Napoléon et à leur descendance.

Art. 4.

Louis-Napoléon Bonaparte règle, par un décret organique adressé au Sénat et déposé dans ses archives, l'ordre de succession au trône dans la famille Bonaparte, pour le cas où il ne laisserait aucun héritier direct, légitime ou adoptif.

Art. 5.

A défaut d'héritier légitime ou d'héritier adoptif de Louis-Napoléon Bonaparte et des successeurs en ligne collatérale qui prendront leur droit dans le décret organique susmentionné, un Sénatus-consulte, proposé au Sénat par les Ministres, formés en conseil de gouvernement, avec l'adjonction des Présidents, en exercice, du Sénat, du Corps Législatif et du Conseil d'Etat, et soumis à l'acceptation du Peuple, nomme l'Empereur, et règle dans sa famille l'ordre héréditaire, de mâle en mâle, à l'exclusion perpétuelle des femmes et de leur descendance.

Jusqu'au moment où l'élection du nouvel Empereur est consommée, les affaires de l'Etat sont gouvernées par les Ministres en fonctions, qui se forment en conseil de gouvernement et délibèrent à la majorité des voix.

Art. 6.

Les membres de la famille de Louis-Napoléon Bonaparte appelés éventuellement à l'hérédité, et leur descendance des deux sexes, font partie de la famille Impériale. Un Sénatus-consulte règle leur position. Ils ne peuvent se marier sans l'autorisation de l'Empereur. Leur mariage fait sans cette autorisation emporte privation de tout droit à l'hérédité, tant pour celui qui l'a contracté que pour ses descendants.

Néanmoins, s'il n'existe pas d'enfants de ce mariage, en cas de dissolution pour cause de décès, le prince qui l'aurait contracté recouvre ses droits à l'hérédité.

Louis-Napoléon Bonaparte fixe les titres et la condition des autres membres de sa famille.

L'Empereur a pleine autorité sur tous les membres de sa famille; il règle leurs devoirs et leurs obligations par des Statuts qui ont force de loi.

Art. 7.

La Constitution du 15 janvier 1852 est maintenue dans toutes celles de ses dispositions qui ne sont pas contraires au présent Sénatus-consulte; il ne pourra y être apporté de modifications que dans les formes et par les moyens qu'elle a prévus.

Art. 8.

La proposition suivante sera présentée à l'acceptation du

Peuple français, dans les formes déterminées par les décrets des 2 et 4 décembre 1851 :

« Le Peuple veut le rétablissement de la Dignité Impé-
« riale dans la personne de Louis-Napoléon Bonaparte, avec
« hérédité dans sa descendance directe, légitime ou adop-
« tive, et lui donne le droit de régler l'ordre de succession
« au trône dans la famille Bonaparte, ainsi qu'il est prévu
« par le Sénatus-consulte du 7 novembre 1852. »

Fait au palais du Sénat, le 7 novembre 1852.

Ont signé :

MM. Mesnard, *premier vice-président ;*

Drouyn de Lhuys,
Troplong,
Baraguey d'Hilliers, } *vice-présidents ;*

le comte d'Hautpoul, *grand référendaire ;*

le baron de Lacrosse, *secrétaire du Sénat ;*

Cambacérès,
Regnault de Saint-Jean-d'Angely, } *secrétaires*

le comte Siméon,
le comte de la Riboisière, } *vice-secrétaires ;*

LL. EE. le cardinal de Bonald ;

le cardinal du Pont ;

le cardinal Mathieu ;

le cardinal Gousset ;

le cardinal Donnet ;

MM. le maréchal Reille ;

le maréchal Vaillant ;

l'amiral de Mackau.

MM. le général baron Achard, le comte d'Argout, le marquis G. d'Audiffret, le général de Bar, le marquis de Barbançois, le comte de Beaumont, le prince
de Beauvau, le marquis de Belbeuf, Bineau,
H. Boulay (de la Meurthe), le comte de Breteuil, le
comte de Casabianca, le comte de Castellane, le
vice-amiral Casy, le comte de Caumont-Laforce,
le comte François Clary, marquis de Croix, baron
de Crouseilhes, le comte N. Curial, Dumas, le
baron Charles Dupin, Elie de Beaumont, Achille
Fould, le baron de Fourment, J.-E. Gautier, Er-
nest de Girardin, de Goulhot de Saint-Germain,
le marquis de la Grange, baron de Heeckeren, le
vice-amiral baron Hugon, le général Husson, le
baron Ch. de Ladoucette, le général vicomte de la
Hitte, le marquis de Lavœstine, Louis Lebeuf,
H. Lefebvre-Duruflé, le comte le Marois, le comte
L. Lemercier, le général Leroy de Saint-Arnaud,
M.-J. le Verrier, le général Magnan, Manuel (de
la Nièvre), Marchand (Nord), A. Mimerel de Rou-
baix, le duc de Mortemart, L. Murat, le général
comte Ordener, le général comte Ornano, le général duc de Padoue, le vice-amiral F. Parseval, le

baron Pelet, le baron Petit, le général Piat, le général duc de Plaisance, L. Poinsot marquis de Portes, le comte P. Portalis, le général de Préval, le général duc de Saint-Simon, Ch. Sapey, le général comte Schramm, comte de Ségur-d'Aguesseau, Monseigneur l'archevêque Sibour, Amédée Thayer, A.-E. Thibaudeau, C¹. duc de Vicence, N. Vieillard, Berthier, P. de Wagram.

Vu et scellé :

Signé : baron T. DE LACROSSE.

Le présent Sénatus-consulte sera promulgué et scellé du sceau de l'État.

Fait au palais de Saint-Cloud, le 7 novembre 1852.

LOUIS-NAPOLÉON.

Par le Prince Président :

Le ministre d'État,

Signé : ACHILLE FOULD.

———

PARIS, IMPRIMERIE DE PAUL DUPONT,
Hôtel des Fermes.